THE USBORNE INTERNET-LINKED

FIRST THOUSAND WORDS
IN CHINESE

With Internet-linked pronunciation guide

Heather Amery
Illustrated by Stephen Cartwright

Chinese edition translated and typeset by Asian Absolute
Edited by Mairi Mackinnon

The Chinese language

China is the largest country in the world, and more people speak Chinese than any other language including English. There are many different versions of Chinese. This book uses Mandarin Chinese, which is the official language of China. Most people in mainland China, as well as in Taiwan and Singapore, can speak Mandarin Chinese.

Chinese writing

To read Chinese, you have to learn symbols called characters. These sometimes look like little pictures, which is just what they were originally – for example, the character 伞 means "umbrella". Some characters or parts of characters are based on pictures, other parts represent sounds. Each character represents one syllable (part of a word), and words are often made up of two or more characters.

Chinese can be written using either traditional or simplified characters. Across mainland China, and in this book, simplified characters are used. On the other hand, people in Hong Kong and Taiwan, as well as many Chinese people living in other countries, use the more complicated traditional Chinese characters.

Saying Chinese words

To help students of Chinese, there is a standard system called *pinyin* which spells out the sounds of the words. Almost all Chinese language courses and Chinese-English dictionaries, as well as this book, use *pinyin*. Most of the sounds in *pinyin* are the same as in English words, but there are some sounds in Chinese which are not like anything in English, and you can see how to say them on the page opposite.

In Mandarin Chinese there are four tones, which means that the vowel sounds
a e i o u, or groups of vowels, can be said in different ways:
The first tone is high and level. In *pinyin* it is written ˉ, as in mā (mother).
The second tone starts lower and then rises. It is written ´, as in chá (tea).
The third tone starts mid-range, falls and then rises. It is written ˇ, as in gǔ (drum).
The fourth tone starts high and then falls. It is written ` , as in dà (big).
Some vowel sounds, often in the second syllable of a word, are pronounced without a particular tone and so are written without a tone mark. It is important to use the right tone as the same word can have quite different meanings when said with different tones – for instance, mā means "mother" but mǎ means "horse".

The best way to learn how to say Chinese words is to listen to someone who can speak Chinese and repeat what you hear. You can listen to all the words in this book on the Usborne Quicklinks website (see opposite).

On every big picture across two pages,
there is a little yellow duck to look for.
Can you find it?

Reading *pinyin*

Read the words as if you were reading English, but:

h has a harsher sound, like the Scottish **ch** in **loch**
q sounds like the **ch** in **cheer**
x sounds like the **sh** in **shy**
c sounds like the **ts** in **cats**
z sounds like the **ds** in **heads**

The next four are pronounced with your tongue rolled back:

ch sounds like the **ch** in **cheer**
sh sounds like the **sh** in **shy**
zh sounds like the **dge** in **fudge**
r sounds like the **r** in **ring**
a sounds like the **a** in **car**
an sounds like the **an** in **can't**
e sounds like the **e** in **the** or **mother**
en sounds like the **en** in **shaken**
i can sound like the **ee** in **seen**, or like the **i** in **shirt**, but
in sounds like the **in** in **fin**
o sounds like the **o** in **more**, and
ong sounds like the **ung** in **sung**, but longer, more like **soong**
u sounds like the **oo** in **too**
ü for this sound, round your lips to say **oo**, then try saying **ee**

Hear the words on the Internet

You can listen to all the words in this book, read by a native Chinese speaker, on the Usborne Quicklinks Website. Just go to **www.usborne-quicklinks.com** and enter the keywords **1000 chinese**. There you can:

- listen to the first thousand words in Chinese
- find links to other useful websites about China and the Chinese language.

Your computer needs a sound card (almost all computers have these) and may also need a small program, called an audio player, such as RealPlayer® or Windows® Media Player. These programs are free, and if you don't already have a copy, you can download one from the Usborne Quicklinks Website.

Note for parents and guardians

Please ensure that your children read and follow the Internet safety guidelines displayed on the Usborne Quicklinks Website.

The links in Usborne Quicklinks are regularly reviewed and updated. However, the content of a website may change at any time, and Usborne Publishing is not responsible for the content on any website other than its own. We recommend that children are supervised while on the Internet, that they do not use Internet chat rooms and that you use Internet filtering software to block unsuitable material. For more information, see the **Net Help** area on the Usborne Quicklinks website.

在家 zài jiā

浴缸
yù gāng

肥皂
féi zào

水龙头
shuǐ lóng tóu

手纸
shǒu zhǐ

牙刷
yá shuā

水
shuǐ

马桶
mǎ tǒng

海绵
hǎi mián

面盆
miàn pén

淋浴
lín yù

毛巾
máo jīn

床
chuáng

浴室
yù shì

客厅
kè tīng

牙膏
yá gāo

收音机
shōu yīn jī

垫子
diàn zi

光盘
guāng pán

地毯
dì tǎn

沙发
shā fā

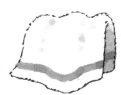

椅子
yǐ zi

棉被
mián bèi

 梳子
shū zi

床单
chuáng dān

 小地毯
xiǎo dì tǎn

 衣柜
yī guì

 枕头
zhěn tou

卧室
wò shì

 抽屉柜
chōu ti guì

 镜子
jìng zi

 刷子
shuā zi

 灯
dēng

门厅
mén tīng

图片
tú piàn

 挂衣钩
guà yī gōu

 电话
diàn huà

 散热器
sàn rè qì

 录音机
lù yīn jī

 报纸
bào zhǐ

 桌子
zhuō zi

 信
xìn

 楼梯
lóu tī

冰箱
bīng xiāng

玻璃杯
bō li bēi

时钟
shí zhōng

凳子
dèng zi

茶匙
chá chí

开关
kāi guān

洗衣粉
xǐ yī fěn

钥匙
yào shi

门
mén

厨房 chú fáng

水池
shuǐ chí

真空吸尘器
zhēn kōng xī
chén qì

炖锅
dùn guō

餐叉
cān chā

围裙
wéi qún

熨衣板
yùn yī bǎn

垃圾 lā

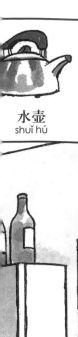
水壶
shuǐ hú

小刀
xiǎo dāo

拖把
tuō bǎ

抹布
mā bù

瓷砖
cí zhuān

扫帚
sào zhou

洗衣机
xǐ yī jī

簸箕
bò ji

抽屉
chōu tì

碟子
dié zi

煎锅
jiān guō

炊具
chuī jù

勺子
sháo zi

盘子
pán zi

熨斗
yùn dǒu

橱柜
chú guì

茶巾
chá jīn

杯子
bēi zi

火柴
huǒ chái

刷子
shuā zi

碗
wǎn

7

独轮车
dú lún chē

蜂窝
fēng wō

蜗牛
wō niú

砖块
zhuān kuài

鸽子
gē zi

铁锹
tiě qiāo

瓢虫
piáo chóng

垃圾箱
lā jī xiāng

种子
zhǒng zi

花园  huā yuán

喷壶
pēn hú

工棚
gōng péng

虫子
chóng zi

花
huā

喷水器
pēn shuǐ qì

锄头
chú tou

黄蜂
huáng fēng

蜜蜂
mì fēng

泥铲
ní chǎn

骨头
gǔ tóu

树篱
shù lí

耙
pá

割草机
gē cǎo jī

小路
xiǎo lù

树叶
shù yè

树
shù

烟
yān

毛毛虫
máo máo chóng

耙子
pá zi

鸟巢
niǎo cháo

棍子
gùn zi

草
cǎo

婴儿车
yīng ér chē

梯子
tī zi

篝火
gōu huǒ

胶皮管
jiāo pí guǎn

温室
wēn shì

9

台钳
tái qián

砂纸
shā zhǐ

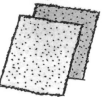

钻孔机
zuàn kǒng jī

梯子
tī zi

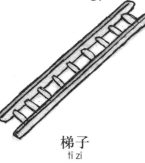

锯
jù

锯屑
jù xiè

日历
rì lì

工具箱
gōng jù xiāng

车间 chē jiān

螺丝钉
luó sī dīng

螺丝刀
luó sī dāo

厚木板
hòu mù bǎn

刨花
bào huā

折刀
zhé dāo

大头钉
dà tóu dīng

蜘蛛
zhī zhū

螺栓
luó shuān

螺母
luó mǔ

蜘蛛网
zhī zhū wǎng

桶
tǒng

苍蝇
cāng ying

斧头
fǔ tóu

卷尺
juǎn chǐ

锤子
chuí zi

锉刀
cuò dāo

油漆桶
yóu qī tǒng

木头
mù tou

钉子
dīng zi

工作台
gōng zuò tái

罐子
guàn zi

刨子
bào zi

街道 jiē dào

商店
shāng diàn

洞
dòng

咖啡馆
kā fēi guǎn

救护车
jiù hù chē

行人道
xíng rén dào

天线
tiān xiàn

烟囱
yān cōng

屋顶
wū dǐng

挖掘机
wā jué jī

旅馆
lǚ guǎn

公共汽车
gōng gòng qì chē

男人
nán rén

警车
jǐng chē

管子
guǎn zi

钻孔机
zuàn kǒng jī

学校
xué xiào

运动场
yùn dòng chǎng

出租车
chū zū chē

人行道
rén xíng dào

工厂
gōng chǎng

卡车
kǎ chē

红绿灯
hóng lǜ dēng

电影院
diàn yǐng yuàn

货车
huò chē

压路机
yā lù jī

拖车
tuō chē

房子
fáng zi

市场
shì chǎng

台阶
tái jiē

摩托车
mó tuō chē

公寓
gōng yù

自行车
xíng chē

消防车
xiāo fáng chē

警察
jǐng chá

汽车 qì chē

女人
nǚ rén

灯柱
dēng zhù

13

玩具店 wán jù diàn

火车玩具组合
huǒ chē wán jù zǔ hé

色子
shǎi zi

八孔长笛
bā kǒng cháng dí

机器人
jī qì rén

鼓
gǔ

项链
xiàng liàn

照相机
zhào xiàng jī

珠子
zhū zi

洋娃娃
yáng wá wa

吉他
jí tā

戒指
jiè zhi

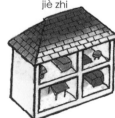
洋娃娃的家
yáng wá wa de jiā

口琴
kǒu qín

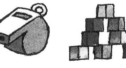
口哨
kǒu shào

砖块
zhuān kuài

城堡
chéng bǎo

潜水艇
qián shuǐ tǐng

喇叭
lǎ ba

箭
jiàn

弓
gōng

降落伞
jiàng luò sǎn

小船
xiǎo chuán

面部油彩
miàn bù yóu cǎi

压路机
yā lù jī

面具
miàn jù

赛车
sài chē

摇摆木马
yáo bǎi mù mǎ

钱箱
qián xiāng

弹球
tán qiú

木偶
mù ǒu

钢琴
gāng qín

航天员
háng tiān yuán

起重机
qǐ zhòng jī

橡皮泥
xiàng pí ní

枪
qiāng

士兵
shì bīng

颜料
yán liào

火箭
huǒ jiàn

秋千
qiū qiān

沙坑
shā kēng

野餐
yě cān

风筝
fēng zheng

冰淇淋
bīng qí lín

狗
gǒu

大门
dà mén

小路
xiǎo lù

青蛙
qīng wā

滑梯
huá tī

公园 gōng yuán

长椅
cháng yǐ

蝌蚪
kē dǒu

湖
hú

旱冰鞋
hàn bīng xié

矮树丛
ǎi shù cón

婴儿
yīng ér

滑板
huá bǎn

泥土
ní tǔ

折叠婴儿车
zhé dié yīng ér ché

跷跷板
qiāo qiāo bǎn

孩子
hái zi

三轮车
sān lún chē

鸟
niǎo

栏杆
lán gān

球
qiú

游艇
yóu tǐng

细绳
xì shéng

水坑
shuǐ kēng

小鸭子
xiǎo yā zi

跳绳
tiào shéng

树
shù

花圃
huā pǔ

天鹅
tiān'é

皮带
pí dài

鸭子
yā zi

动物园 dòng wù yuán

翅膀
chì bǎng

鹰
yīng

河马
hé mǎ

熊猫
xióng māo

爪子
zhuǎ zi

袋鼠
dài shǔ

蝙蝠
biān fú

大猩猩
dà xīng xing

猴子
hóu zi

冰山
bīng shān

企鹅
qǐ'é

尾巴
wěi ba

狼
láng

鳄鱼
è yú

熊
xióng

羽毛
yǔ máo

鹈鹕
tí hú

鸵鸟
tuó niǎo

海豚
hǎi tún

长颈鹿
cháng jǐng lù

狮子
shī zi

幼狮
yòu shī

角
jiǎo

鹿
lù

骆驼
luò tuo

海豹
hǎi bào

北极熊
běi jí xióng

乌龟
wū guī

象鼻
xiàng bí

犀牛
xī niú

野牛
yě niú

大象
dà xiàng

海狸
hǎi lí

山羊
shān yáng

斑马
bān mǎ

蛇
shé

鲨鱼
shā yú

鲸鱼
jīng yú

老虎
lǎo hǔ

豹
bào

19

铁轨
tiě guǐ

火车头
huǒ chē tóu

缓冲器
huǎn chōng qì

车厢
chē xiāng

火车司机
huǒ chē sī jī

货物列车
huò wù liè chē

月台
yuè tá

检票员
jiǎn piào yuán

手提箱
shǒu tí xiāng

售票机
shòu piào jī

旅行 lǚ xíng

直升飞机
zhí shēng fēi jī

火车站
huǒ chē zhàn

修车场
xiū chē chǎng

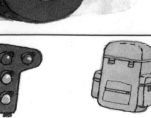

信号
xìn hào

背包
bēi bāo

前车灯
qián chē dēng

火车头
huǒ chē tóu

车轮
chē lún

电池
diàn chí

飞机
fēi jī

空中小姐
kōng zhōng xiǎo jiě

飞机跑道
fēi jī pǎo dào

指挥塔
zhǐ huī tǎ

飞机场
fēi jī chǎng

空中乘务员
kōng zhōng chéng wù yuán

飞行员
fēi xíng yuán

洗车
xǐ chē

行李箱
xíng lǐ xiāng

汽油
qì yóu

救险工程车
jiù xiǎn gōng chéng chē

洗车

油罐车
yóu guàn chē

扳手
bān shou

轮胎
lún tāi

发动机盖
fā dòng jī gài

油
yóu

加油泵
jiā yóu bèng

21

风车
fēng chē

热气球
rè qì qiú

蝴蝶
hú dié

蜥蜴
xī yì

石头
shí tou

狐狸
hú li

小溪
xiǎo xī

路标
lù biāo

刺猬
cì wèi

水闸
shuǐ zhá

乡村 xiāng cūn

山
shān

松鼠
sōng shǔ

森林
sēn lín

獾
huān

河
hé

路
lù

帐篷
zhàng peng

运河
yùn hé

木料
mù liào

村庄
cūn zhuāng

飞蛾
fēi'é

桥
qiáo

驳船
bó chuán

瀑布
pù bù

猫头鹰
māo tóu yīng

隧道
suì dào

小狐狸
xiǎo hú li

鼹鼠
yàn shǔ

渔夫
yú fū

小山
xiǎo shān

岩石
yán shí

癞蛤蟆
lài há ma

火车
huǒ chē

大篷车
dà péng chē

干草堆
gān cǎo duī

牧羊犬
mù yáng quǎn

鸭子
yā zi

羊羔
yáng gāo

池塘
chí táng

小鸡
xiǎo jī

干草仓
gān cǎo cāng

猪圈
zhū juàn

公牛
gōng niú

小鸭子
xiǎo yā zi

鸡舍
jī shè

拖拉机
tuō lā jī

农场 nóng chǎng

公鸡
gōng jī

鹅
é

油罐车
yóu guàn chē

谷仓
gǔ cāng

泥
ní

手推车
shǒu tuī chē

农民 nóng mín

田野 tián yě

母鸡 mǔ jī

小牛 xiǎo niú

栅栏 zhà lan

鞍 ān

牛棚 niú péng

母牛 mǔ niú

犁 lí

果园 guǒ yuán

畜栏 chù lán

小猪 xiǎo zhū

牧羊女 mù yáng nǚ

火鸡 huǒ jī

稻草人 dào cǎo rén

农舍 nóng shè

干草 gān cǎo

羊 yáng

稻草包 dào cǎo bāo

马 mǎ

猪 zhū

25

海边 hǎi biān

帆船
fān chuán

大海
dà hǎi

桨
jiǎng

灯塔
dēng tǎ

铁锹
tiě qiāo

水桶
shuǐ tǒng

海星
hǎi xing

沙滩城堡
shā tān chéng bǎo

雨伞
yǔ sǎn

旗
qí

水手
shuǐ shǒu

贝壳
bèi ké

螃蟹
páng xiè

海鸥
hǎi ōu

岛
dǎo

摩托艇
mó tuō tǐng

滑水者
huá shuǐ zhě

波浪
bō làng

太阳帽
tài yáng mào

悬崖
xuán yá

船
chuán

独木舟
dú mù zhōu

绳子
shéng zi

鹅卵石
é luǎn shí

海草
hǎi cǎo

网
wǎng

划桨
huá jiǎng

渔船
yú chuán

脚蹼
jiǎo pǔ

驴
lú

鱼
yú

游泳衣
ou yǒng yī

油轮
yóu lún

海滩
hǎi tān

划艇
huá tǐng

折叠椅
zhé dié yǐ

27

剪刀
jiǎn dāo

$2 + 2 = 4$
$3 + 2 = 5$

算术题
suàn shù tí

橡皮
xiàng pí

尺子
chǐ zi

照片
zhào piān

画笔
huà bǐ

图钉
tú dīng

颜料
yán liào

男孩
nán hái

铅笔
qiān bǐ

学校 xué xiào

写字板
xiě zì bǎn

28

书桌
shū zhuō

书
shū

钢笔
gāng bǐ

胶水
jiāo shuǐ

粉笔
fěn bǐ

图画
tú huà

废纸篓
fèi zhǐ lǒu

老师
lǎo shī

盒子
hé zi

地图
dì tú

刷子
shuā zi

天花板
tiān huā bǎn

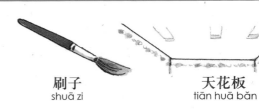

墙
qiáng

地板
dì bǎn

笔记本
bǐ jì běn

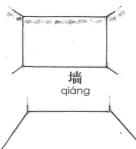

字母表
zì mǔ biǎo

徽章
huī zhāng

鱼缸
yú gāng

纸
zhǐ

百叶窗
bǎi yè chuāng

门把
mén bà

植物
zhí wù

地球仪
dì qiú yí

女孩
nǚ hái

蜡笔
là bǐ

灯
dēng

画架
huà jià

29

医院 yī yuàn

护士
hù shi

棉球
mián qiú

药
yào

电梯
diàn tī

晨衣
chén yī

拐杖
guǎi zhàng

药丸
yào wán

托盘
tuō pán

手表
shǒu biǎo

温度计
wēn dù jì

窗帘
chuāng lián

泰迪熊
tài dí xióng

苹果
píng guǒ

石膏
shí gāo

绷带
bēng dài

轮椅
lún yǐ

拼图玩具
pīn tú wán jù

医生 yī shēng

注射
zhù shè

医生 yī shēng

拖鞋
tuō xié

计算机
jì suàn jī

创可贴
chuāng kě tiē

香蕉
xiāng jiāo

葡萄
pú tao

篮子
lán zi

玩具
wán jù

梨
lí

卡片
kǎ piàn

尿布
niào bù

手杖
shǒu zhàng

电视
diàn shì

女睡衣
nǚ shuì yī

睡衣
shuì yī

橙子
chéng zi

纸巾
zhǐ jīn

连环画
lián huán huà

候诊室
hòu zhěn shì

31

聚会 jù huì

礼物
lǐ wù

气球
qì qiú

巧克力
qiǎo kè lì

糖果
táng guǒ

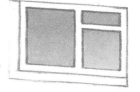

窗户
chuāng hu

烟花
yān huā

绸带
chóu dài

蛋糕
dàn gāo

吸管
xī guǎn

蜡烛
là zhú

纸拉花
zhǐ lā huā

玩具
wán jù

32

桔子
jú zi

萨拉米香肠
sà lā mǐ xiāng cháng

录音带
lù yīn dài

香肠
xiāng cháng

薯片
shǔ piàn

化妆用服装
huà zhuāng yòng
fú zhuāng

樱桃
yīng táo

果汁
guǒ zhī

覆盆子
fù pén zǐ

草莓
cǎo méi

灯泡
dēng pào

桌布
zhuō bù

三文治
sān wén zhì

黄油
huáng yóu

饼干
bǐng gān

奶酪
nǎi lào

面包
miàn bāo

33

柚子
yòu zi

胡萝卜
hú luó bo

菜花
cài huā

青蒜
qīng suàn

蘑菇
mó gu

黄瓜
huáng guā

柠檬
níng méng

芹菜
qín cài

杏
xìng

瓜
guā

商店 shāng diàn

手提袋
shǒu tí dài

奶酪

水果和蔬菜

洋葱
yáng cōng

卷心菜
juǎn xīn cài

桃子
táo zi

生菜
shēng cài

豌豆
wān dòu

西红柿
xī hóng shì

鸡蛋
jī dàn

李子
lǐ zi

面粉
miàn fěn

台秤
tái chèng

罐子
guàn zi

肉
ròu

菠萝
bō luó

酸奶
suān nǎi

篮子
lán zi

瓶子
píng zi

手提包
shǒu tí bāo

钱包
qián bāo

钱
qián

罐
guàn

土豆
tǔ dòu

菠菜
bō cài

豆
dòu

付款处
fù kuǎn chù

南瓜
nán guā

购物车
gòu wù chē

食物 shí wù

午餐或正餐
wǔ cān huò zhèng cān

早餐
zǎo cān

熟鸡蛋
shú jī dàn

吐司
tǔ sī

果酱
guǒ jiàng

咖啡
kā fēi

煎鸡蛋
jiān jī dàn

热巧克力
rè qiǎo kè lì

奶油
nǎi yóu

牛奶
niú nǎi

麦片
mài piàn

糖
táng

茶
chá

蜂蜜
fēng mì

盐
yán

胡椒粉
hú jiāo fěn

茶壶
chá hú

煎饼
jiān bing

面包卷
miàn bāo juǎn

晚餐或正餐
wǎn cān huò zhèng cān

火腿
huǒ tuǐ

汤
tāng

煎蛋
jiān dàn

色拉
shā là

筷子
kuài zi

汉堡包
hàn bǎo bāo

鸡肉
jī ròu

米饭
mǐ fàn

沙司
shā sī

意大利面
yì dà lì miàn

土豆泥
tǔ dòu ní

比萨饼
bǐ sà bǐng

薯条
shǔ tiáo

布丁
bù dīng

我 wǒ

头 tóu

头发 tóu fa

脸 liǎn

手臂 shǒu bì

胳膊肘 gē bo zhǒu

肚子 dù zi

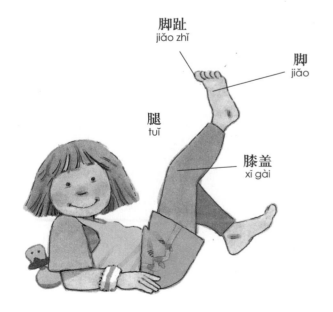

脚趾 jiǎo zhǐ

脚 jiǎo

腿 tuǐ

膝盖 xī gài

眉毛 méi mao

眼睛 yǎn jing

鼻子 bí zi

脸颊 liǎn jiá

嘴 zuǐ

嘴唇 zuǐ chún

牙齿 yá chǐ

舌头 shé tou

下巴 xià ba

耳朵 ěr duo

脖子 bó zi

肩膀 jiān bǎng

胸部 xiōng bù

后背 hòu bèi

臀部 tún bù

手 shǒ

拇指 mǔ zhǐ

手指 shǒu zhǐ

我的衣服 wǒ de yī fu

短袜 duǎn wà	内裤 nèi kù	汗衫 hàn shān	裤子 kù zi	牛仔裤 niú zǎi kù	T 恤 tī xù

裙子 qún zi	衬衣 chèn yī	领带 lǐng dài	短裤 duǎn kù	紧身裤 jǐn shēn kù	连衣裙 lián yī qún

套头衫 tào tóu shān	运动衫 yùn dòng shān	羊毛开衫 yáng máo kāi shān	围巾 wéi jīn	手绢 shǒu juàn

球鞋 qiú xié	鞋 xié	凉鞋 liáng xié	靴子 xuē zi	手套 shǒu tào

	腰带 yāo dài	带扣 dài kòu	拉链 lā liàn	鞋带 xié dài	钮扣 niǔ kòu	扣眼 kòu yǎn

口袋 kǒu dài	外套 wài tào	夹克 jiá kè	帽子 mào zi	有檐的帽子 yǒu yán de mào zi

人们 rén men

男演员
nán yǎn yuán

女演员
nǚ yǎn yuán

厨师
chú shī

歌手
gē shǒu

舞蹈演员
wǔ dǎo yǎn yuán

宇航员
yǔ háng yuán

屠夫
tú fū

警察
jǐng chá

女警察
nǚ jǐng chá

木匠
mù jiàng

消防队
xiāo fáng duì

艺术家
yì shù jiā

法官
fǎ guān

机械师
jī xiè shī

理发师
lǐ fà shī

卡车司机
kǎ chē sī jī

公共汽车司机
gōng gòng qì chē sī jī

牙科医生
yá kē yī shēng

潜水员
qián shuǐ yuán

服务员
fú wù yuán

女服务员
nǚ fú wù yuán

邮差
yóu chāi

油漆工
yóu qī gōng

面包师
miàn bāo shī

家庭
jiā tíng

儿子
ér zi

女儿
nǚ ér

哥哥
gē ge

弟弟
dì di

姐姐
jiě jie

妹妹
mèi mei

妈妈
mā ma

妻子
qī zi

爸爸
bà ba

丈夫
zhàng fu

阿姨 ā yí
姑姑 gū gu

叔叔 shū shu
舅舅 jiù jiu

堂弟
táng dì

表弟
biǎo dì

爷爷
yé ye

姥爷
lǎo ye

奶奶
nǎi nai

姥姥
lǎo lao

做事情 zuò shì qíng

微笑
wēi xiào

哭
kū

想
xiǎng

听
tīng

笑
xiào

抓
zhuā

扔
rēng

打破
dǎ pò

画
huà

写字
xiě zì

砍
kǎn

剪
jiǎn

吃
chī

谈话
tán huà

挖
wā

搬
bān

喝
hē

制作
zhì zuò

跳
tiào

跳舞
tiào wǔ

洗
xǐ

编织
biān zhī

爬 pá

42

玩
wán

看
kàn

攀登
pān dēng

打架
dǎ jià

睡觉
shuì jiào

拿
ná

跳绳
tiào shéng

缝纫
féng rèn

等
děng

做饭
zuò fàn

躲藏
duǒ cáng

读
dú

买
mǎi

推
tuī

扫地
sǎo dì

唱
chàng

挑选
tiāo xuǎn

吹
chuī

拉
lā

倒下
dǎo xià

走
zǒu

跑
pǎo

坐
zuò

反义词 fǎn yì cí

好
hǎo

坏
huài

远
yuǎn

近
jìn

冷
lěng

热
rè

湿
shī

干
gān

顶部
dǐng bù

底部
dǐ bù

上面
shàng miàn

下面
xià mian

胖
pàng

瘦
shòu

脏
zāng

干净
gān jìng

开
kāi

关
guān

小
xiǎo

大
dà

很少
hěn shǎo

许多
xǔ duō

第一
dì yī

最后
zuì hòu

左
zuǒ

在…外面
zài wài miàn

在…里面
zài lǐ miàn

容易
róng yì

困难
kùn nan

空的
kōng de

满的
mǎn de

软
ruǎn

硬
yìng

前面
qián mian

高
gāo

慢
màn

快
kuài

后面
hòu mian

低
dī

长
cháng

短
duǎn

死
sǐ

活
huó

黑暗
hēi àn

明亮
míng liàng

旧
jiù

楼上
lóu shàng

右
yòu

新
xīn

楼下
lóu xià

45

天 tiān

星期一
xīng qī yī

星期二
xīng qī èr

星期三
xīng qī sān

星期四
xīng qī sì

星期五
xīng qī wǔ

星期六
xīng qī liù

星期日
xīng qī rì

日历
rì lì

早晨
zǎo chén

晚上
wǎn shàng

太阳
tài yáng

夜晚
yè wǎn

月亮
yuè liàng

星星
xīng xīng

太空
tài kōng

行星
xíng xīng

宇宙飞船
yǔ zhòu fēi chuán

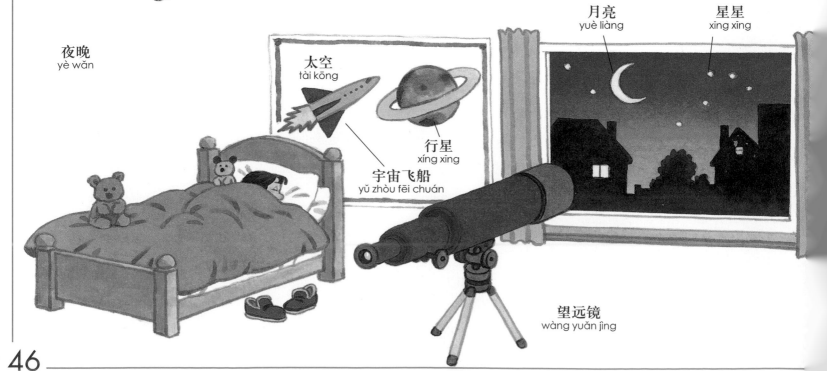

望远镜
wàng yuǎn jìng

特别的日子
tè bié de rì zi

生日
shēng rì

礼物
lǐ wù

蜡烛
là zhú

生日贺卡
shēng rì hè kǎ

生日蛋糕
shēng rì dàn gāo

假期
jià qī

结婚日
jié hūn rì

伴娘
bàn niáng

新娘
xīn niáng

新郎
xīn láng

照相机
zhào xiàng jī

摄影师
shè yǐng shī

圣诞节
shèng dàn jié

驯鹿
xùn lù

圣诞老人
shèng dàn lǎo rén

雪橇
xuě qiāo

圣诞树
shèng dàn shù

天气 tiān qì

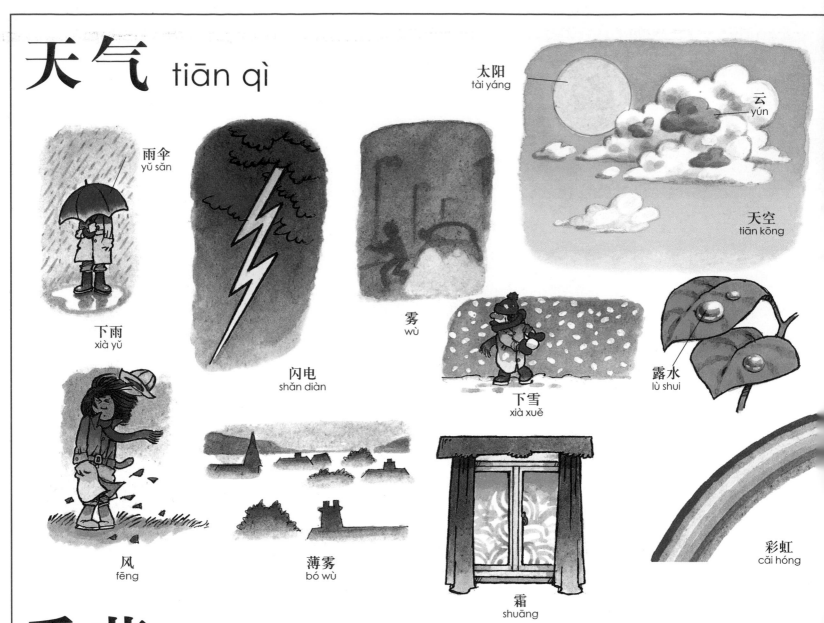

太阳
tài yáng

云
yún

天空
tiān kōng

雨伞
yǔ sǎn

下雨
xià yǔ

闪电
shǎn diàn

雾
wù

下雪
xià xuě

露水
lù shui

风
fēng

薄雾
bó wù

霜
shuāng

彩虹
cǎi hóng

季节 jì jié

春天
chūn tiān

夏天
xià tiān

秋天
qiū tiān

冬天
dōng tiān

宠物 chǒng wù

仓鼠
cāng shǔ

兽医
shòu yī

豚鼠
tún shǔ

狗窝
gǒu wō

小狗
xiǎo gǒu

狗
gǒu

虎皮鹦鹉
hǔ pí yīng wǔ

鹦鹉
yīng wǔ

鸟嘴
niǎo zuǐ

食物
shí wù

兔子
tù zi

金丝雀
jīn sī què

笼子
lóng zi

猫
māo

篮子
lán zi

老鼠
lǎo shǔ

小猫
xiǎo māo

牛奶
niú nǎi

金鱼
jīn yú

49

运动和锻炼 yùn dòng hé duàn liàn

篮球
lán qiú

划船
huá chuán

单板滑雪
dān bǎn huá xuě

航行
háng xíng

帆板运动
fān bǎn yùn dòng

球拍
qiú pāi

板球
bǎn qiú

空手道
kōng shǒu dào

球棒
qiú bàng

网球
wǎng qiú

美式橄榄球
měi shì gǎn lǎn qiú

体操
tǐ cāo

球
qiú

钓杆
diào gān

跳舞
tiào wǔ

棒球
bàng qiú

钓鱼
diào yú

诱饵
yòu ěr

橄榄球
gǎn lǎn qiú

跳水
tiào shuǐ

游泳池
yóu yǒng chí

赛
sài

游泳
yóu yǒng

50

靶子
bǎ zi

滑翔
huá xiáng

箭术
jiàn shù

慢跑
màn pǎo

头盔
tóu kuī

骑自行车
qí zì xíng chē

攀登
pān dēng

柔道
róu dào

马
mǎ

小型马
xiǎo xíng mǎ

存物柜
cún wù guì

足球
zú qiú

马术
mǎ shù

更衣室
gēng yī shì

羽毛球
yǔ máo qiú

溜冰鞋
liū bīng xié

乒乓球
pīng pāng qiú

滑冰
huá bīng

滑雪杖
huá xuě zhàng

吊椅
diào yǐ

滑雪板
huá xuě bǎn

滑雪
huá xuě

相扑
xiāng pū

51

颜色 yán sè

橙色
chéng sè

绿色
lǜ sè

黑色
hēi sè

灰色
huī sè

红色
hóng sè

棕色
zōng sè

粉红色
fěn hóng sè

白色
bái sè

蓝色
lán sè

紫色
zǐ sè

黄色
huáng sè

形状 xíng zhuàng

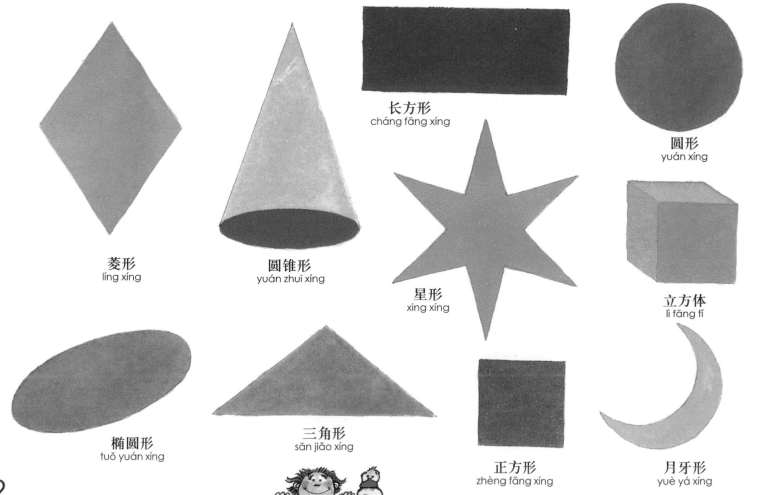

长方形
cháng fāng xíng

圆形
yuán xíng

菱形
líng xíng

圆锥形
yuán zhuī xíng

星形
xīng xíng

立方体
lì fāng tǐ

椭圆形
tuǒ yuán xíng

三角形
sān jiǎo xíng

正方形
zhèng fāng xíng

月牙形
yuè yá xíng

数字 shù zì

1 一 yī

2 二 èr

3 三 sān

4 四 sì

5 五 wǔ

6 六 liù

7 七 qī

8 八 bā

9 九 jiǔ

10 十 shí

11 十一 shí yī

12 十二 shí èr

13 十三 shí sān

14 十四 shí sì

15 十五 shí wǔ

16 十六 shí liù

17 十七 shí qī

18 十八 shí bā

19 十九 shí jiǔ

20 二十 èr shí

游乐场 yóu lè chǎng

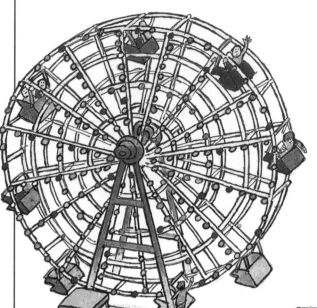

摩天轮
mó tiān lún

旋转木马
xuán zhuǎn mù mǎ

垫子
diàn zi

旋转滑梯
xuán zhuǎn huá

套圈游戏
tào quān yóu xì

魔鬼列车
mó guǐ liè chē

过山车
guò shān chē

爆米花
bào mǐ huā

气枪打靶
qì qiāng dǎ bǎ

碰碰车
pèng pèng chē

棉花糖
mián huā táng

马戏团 mǎ xì tuán

走钢丝演员
zǒu gāng sī yǎn yuán

杆子
gān zi

吊秋千
diào qiū qiān

钢丝
gāng sī

绳梯
shéng tī

安全网
ān quán wǎng

特技自行车手
tè jì zì xíng chē shǒu

兔子
tù zi

杂技演员
zá jì yǎn yuán

马戏团领班
mǎ xì tuán lǐng bān

狗
gǒu

玩把戏的
wán bǎ xì de

铁环
tiě huán

大礼帽
dà lǐ mào

领结
lǐng jié

乐队
yuè duì

无鞍的马戏演员
wú ān de mǎ xì yǎn yuán

小丑
xiǎo chǒu

Word list

Here are all the Chinese words in the book. Next to each word you can see its *pinyin* pronunciation guide (see pages 2-3), and then its meaning in English. The words are given in alphabetical order of the *pinyin*, which is the way to look up words in most Chinese-English dictionaries; page numbers are given after the *pinyin* to help you check that you have the right word or version of a word.

A note about family words

Chinese is more specific than English when you are talking about people in your family. The words for "grandfather", "grandmother", "uncle" and "aunt", for instance, make it clear whether the relation is on your mother's or your father's side, so we have given both versions. The words for "brother" and "sister" make clear whether you are talking about an older or younger one, and the word for "cousin" makes clear whether you mean older or younger, a boy or a girl, on your mother's or your father's side. We have given the words for an older sister, a younger brother and a younger, boy cousin (on either your mother's or your father's side), as shown in the picture on page 41.

阿姨	ā yí, 41	aunt (mother's side)
矮树丛	ǎi shù cóng, 16	bush
鞍	ān, 25	saddle
安全网	ān quán wǎng, 55	safety net
八	bā, 53	eight
爸爸	bà ba, 41	father
八孔长笛	bā kǒng cháng dí, 14	recorder
靶子	bǎ zi, 51	target
白色	bái sè, 52	white
百叶窗	bǎi yè chuāng, 29	blind (for a window)
搬	bān, 42	to carry
斑马	bān mǎ, 19	zebra
伴娘	bàn niáng, 47	bridesmaid
板球	bǎn qiú, 50	cricket (sport)
扳手	bān shou, 21	spanner
棒球	bàng qiú, 50	baseball
豹	bào, 19	leopard
刨花	bào huā, 10	shavings
爆米花	bào mǐ huā, 54	popcorn
报纸	bào zhǐ, 5	newspaper
刨子	bào zi, 11	plane
背包	bēi bāo, 20	backpack
北极熊	běi jí xióng, 19	polar bear
贝壳	bèi ké, 26	shell
杯子	bēi zi, 7	cups
绷带	bēng dài, 30	bandage
笔记本	bǐ jì běn, 29	notebook
比萨饼	bǐ sà bǐng, 37	pizza
鼻子	bí zi, 38	nose
蝙蝠	biān fú, 18	bat (animal)
编织	biān zhī, 42	to knit
表弟	biǎo dì, 41	cousin (mother's side)
饼干	bǐng gān, 33	biscuit
冰淇淋	bīng qí lín, 16	ice cream
冰山	bīng shān, 18	iceberg
冰箱	bīng xiāng, 6	fridge
菠菜	bō cài, 35	spinach
簸箕	bò ji, 7	dustpan
波浪	bō làng, 27	waves
玻璃杯	bō li bēi, 6	glasses (for drinking)
菠萝	bō luó, 35	pineapple
驳船	bó chuán, 23	barge
薄雾	bó wù, 48	mist
脖子	bó zi, 38	neck
布丁	bù dīng, 37	pudding
彩虹	cǎi hóng, 48	rainbow
菜花	cài huā, 34	cauliflower
餐叉	cān chā, 6	forks
仓鼠	cāng shǔ, 49	hamster
苍蝇	cāng ying, 11	fly
草	cǎo, 9	grass
草莓	cǎo méi, 33	strawberry
茶	chá, 36	tea
茶匙	chá chí, 6	teaspoons
茶壶	chá hú, 36	teapot
茶巾	chá jīn, 7	tea towel
长	cháng, 45	long
唱	chàng, 43	to sing
长方形	cháng fāng xíng, 52	rectangle
长颈鹿	cháng jǐng lù, 18	giraffe
长椅	cháng yǐ, 16	bench
车间	chē jiān, 10	workshop
车轮	chē lún, 20	wheel
车厢	chē xiāng, 20	carriages
晨衣	chén yī, 30	dressing gown
衬衣	chèn yī, 39	shirt
城堡	chéng bǎo, 14	castle
橙色	chéng sè, 52	orange (colour)
橙子	chéng zi, 31	orange (fruit)
吃	chī, 42	to eat
翅膀	chì bǎng, 18	wing
池塘	chí táng, 24	pond
尺子	chǐ zi, 28	ruler
宠物	chǒng wù, 49	pets
虫子	chóng zi, 8	worm
绸带	chóu dài, 32	ribbon
抽屉	chōu tì, 7	drawer
抽屉柜	chōu ti guì, 5	chest of drawers
厨房	chú fáng, 6	kitchen
橱柜	chú guì, 7	cupboard
畜栏	chù lán, 25	stable
厨师	chú shī, 40	chef
锄头	chú tou, 8	hoe
出租车	chū zū chē, 13	taxi
船	chuán, 27	ship
床	chuáng, 4	bed
床单	chuáng dān, 5	sheet
窗户	chuāng hu, 32	window
创可贴	chuāng kě tiē, 31	sticking plaster
窗帘	chuāng lián, 30	curtain
吹	chuī, 43	to blow
炊具	chuī jù, 7	cooker

59

Designed by Andy Griffin
Cover design by Hannah Ahmed

Usborne Publishing is not responsible, and does not accept liability, for the availability or content of any website other than its own, or for any exposure to harmful, offensive or innacurate material which may appear on the Web.

Usborne Publishing will have no liability for any damage or loss caused by viruses that may be downloaded as a result of browsing the sites it recommends.

Usborne downloadable puzzles and sounds are the copyright of Usborne Publishing Ltd. and may not be reproduced in print or in electronic form for any commercial or profit-related purpose.